SAD!

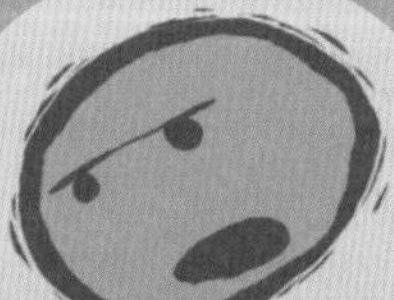

SAD.

作者／麥可．伊恩．布萊克（Michael Ian Black）
繪者／黛比．里帕斯．奧伊（Debbie Ridpath Ohi）
野人文化股份有限公司
社長：張瑩瑩｜總編輯：蔡麗真｜主編：陳瑾璇｜責任編輯：陳韻竹｜封面設計：周家瑤｜內頁排版：洪素貞｜行銷企劃經理：林麗紅｜行銷企劃：蔡逸萱、李映柔｜
遠足文化事業股份有限公司
社長：郭重興｜發行人：曾大福｜業務平臺總經理：李雪麗｜業務平臺副總經理：李復民｜實體通路組：林詩富、陳志峰、郭文弘、王文賓、賴佩瑜｜網路暨海外通路組：張鑫峰、林裴瑤、范光杰｜特販通路組：陳綺瑩、郭文龍｜電子商務組：黃詩芸、李冠穎、林雅卿、高崇哲、吳眉姍｜專案企劃組：蔡孟庭、盤惟心｜閱讀社群組：黃志堅、羅文浩、盧煒婷｜版權部：黃知涵｜印務部：江域平、黃禮賢、李孟儒｜出版：野人文化股份有限公司｜發行：遠足文化事業股份有限公司（讀書共和國出版集團）｜地址：231新北市新店區民權路108-2號9樓｜電話：（02）2218-1417｜

傳真：（02）8667-1065｜電子信箱：service@bookrep.com.tw｜網址：www.bookrep.com.tw｜郵撥帳號：19504465遠足文化事業股份有限公司｜客服專線：0800-221-029｜法律顧問：華洋法律事務所 蘇文生律師｜印製：凱林彩印股份有限公司｜初版：2022年06月｜初版2刷：2023年08月｜有著作權：侵害必究｜特別聲明：有關本書中的言論內容，不代表本公司/出版集團之立場與意見，文責由作者自行承擔｜歡迎團體訂購，另有優惠，請洽業務部｜（02）22181417分機1124｜

獻給母親。沒有她，我好難過。—M. I. B.

獻給 Cathy Rutland。你帶給我快樂。—D. R. O.

小野人47
我好難過【中英雙語✦紐約時報暢銷作家超可愛繪本】
孩子的情緒認知四部曲(3)

作者／麥可．伊恩．布萊克（Michael Ian Black）

作家、諧星兼演員，曾參加《流金歲月》、《加菲根秀》、《哈啦夏令營：第一天》等電視節目的演出。麥可定期在全美巡迴演出單人脫口秀，也著有暢銷書籍：《My Custom Van: And 50 Other Mind-Blowing Essays That Will Blow Your Mind All Over Your Face》、《You're Not Doing It Right: Tales of Marriage, Sex, Death, and Other Humiliations》；童書包括《川普這種生物》（尖端出版）、《Chicken Cheeks》、《The Purple Kangaroo》、《A Pig Parade Is a Terrible Idea》、《光屁屁小超人》以及《Cock-a-Doodle-Doo-Bop!》。麥可與妻子及兩個孩子住在康乃狄克州。
官網：michaelianblack.com

繪者／黛比．里帕斯．奧伊（Debbie Ridpath Ohi）

童書作家及繪者，著有《誰偷走了我的書？》（野人文化出版），她曾與Simon & Schuster, HarperCollins, Random House, Little Brown, Stone Bridge Press and Writer's Digest等出版社合作，並為作家麥可．伊恩．布萊克（Michael Ian Black）《孩子的情緒認知繪本四部曲》（野人文化出版）繪製插畫。
官網：DebbieOhi.com / Twitter: @inkyelbows/ Instagram: @inkygirl.

國家圖書館出版品預行編目(CIP)資料

我好擔心：孩子的情緒認知四部曲. 3 / 麥可．伊恩．布萊克(Michael Ian Black)作；黛比．里帕斯．奧伊(Debbie Ridpath Ohi)繪. -- 初版. -- 新北市：野人文化股份有限公司出版：遠足文化事業股份有限公司發行, 2022.06
面； 公分. -- (小野人；47)
譯自：I'm sad(The I'm books)
ISBN 978-986-384-695-6(精裝)

1.CST: 生活教育 2.CST: 情緒教育 3.CST: 繪本

528.33 111003283

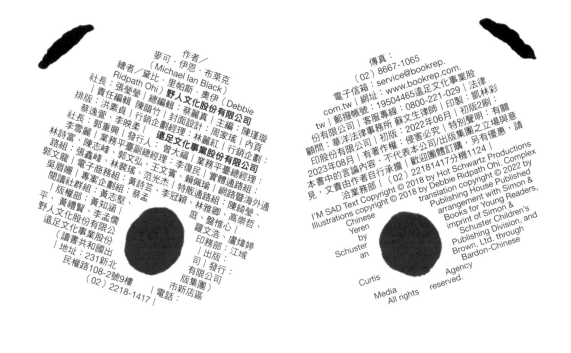

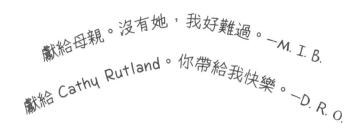

I'M SAD
我好難過

作者／麥可・伊恩・布萊克（Michael Ian Black）
繪者／黛比・里帕斯・奧伊（Debbie Ridpath Ohi）

野人

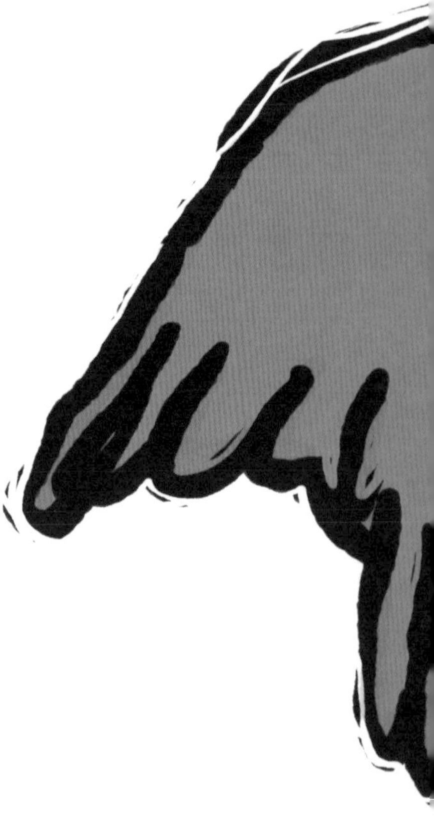

我好難過。

I'm sad.

我會永遠這麼難過嗎?

Will I **always** feel like this?

我覺得不會。

I don't think so.

我也曾經很難過。

I was sad once.

I didn't know potatoes

could be sad.

沒想到馬鈴薯也會難過。

Everybody feels

sad sometimes.

每個人都偶爾會難過。

Even astronauts.

太空人也會難過。

如果我是太空人，
我一定不會難過！

If I was an astronaut,
I would never be sad.

為什麼會有難過的事發生？

Why do sad things happen?

事情就是這樣。

That's just the way it is.

但為什麼事情會是這樣？

But why is that just the way it is?

因為事情如果是那樣，它就會是那樣，

但現在它就不是那樣，而是這樣。

Because if it were any other way,

then that would be the way it is

and it's not that way. It's this way.

這完全

沒道理。

That doesn't make

any sense at all.

唉。

Sigh.

唉。

Sigh.

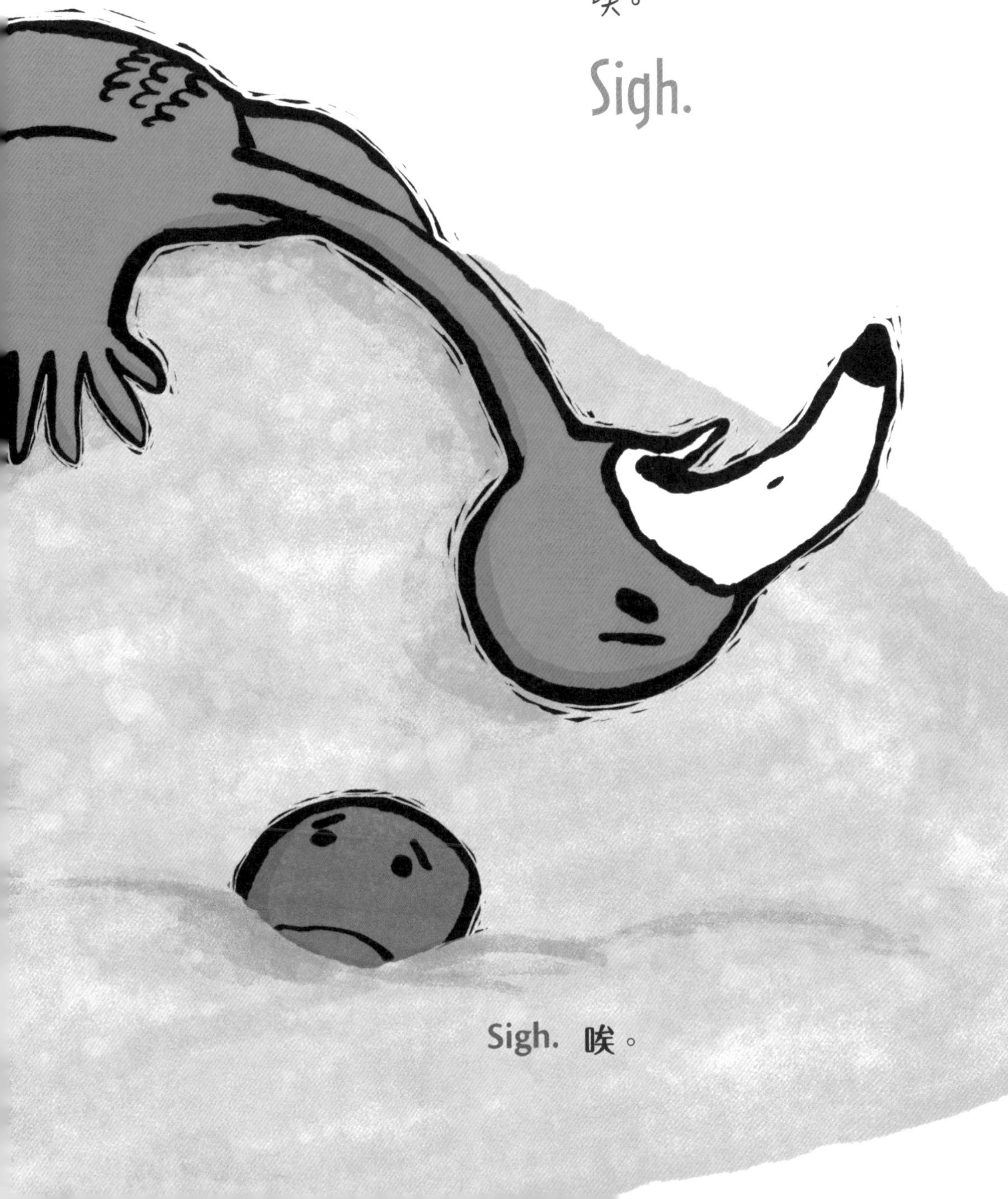

Sigh. 唉。

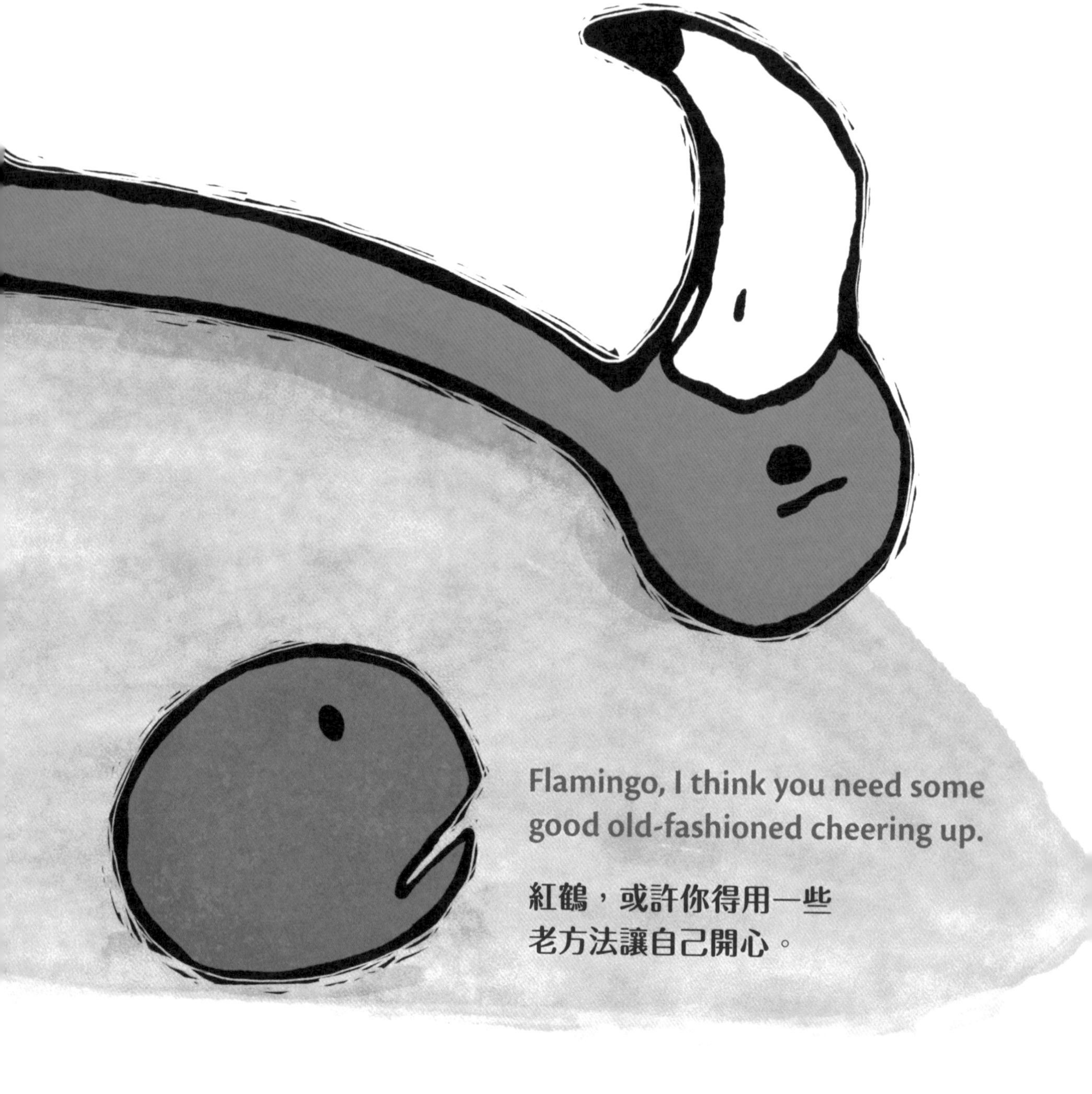

Flamingo, I think you need some good old-fashioned cheering up.

紅鶴，或許你得用一些
老方法讓自己開心。

Yeah!
I know what cheers me up
when I'm feeling sad.

沒錯！當我難過時，
我知道什麼能讓我開心！

What?

什麼？

What?

什麼？

ICE CREAM!!!

冰淇淋！！！

Flamingos don't eat ice cream.

可是紅鶴不吃冰淇淋。

馬鈴薯也不吃冰淇淋。

Potatoes don't eat ice cream.

當**我**難過時，
我也知道什麼能讓**我**開心。

I know what cheers **me**
up when **I'm** feeling sad.

土!!!

T!!!

土！
Dirt!
曲棍球！
Hockey!

Jungle adventures!
叢林探險！
Dirt!
土！
間諜遊戲！
Spy stuff!
Soil!
泥土！

Dirt and soil are
the same thing, Potato.

馬鈴薯，土跟泥土是一樣的。

我還以為你們
會上當呢。

Thought maybe
I'd fool you.

I'm still sad.

我還是好難過。

也許難過一下也沒關係。

Maybe it's okay just to be sad.

怎麼會沒關係？

Why would that be okay?

有時候，我覺得難過的感覺還不錯。

Sometimes when I'm sad, it feels kind of good to let myself be sad.

好奇怪。

That's weird.

如果我明天還是很難過，
你還會喜歡我嗎？

Will you still like me if
I'm sad again tomorrow?

紅鶴，我不會只在
你快樂的時候喜歡你。
我會一直喜歡你，
不管你難過、生氣、無聊或怎樣。

I don't like you just
when you're happy.
I like you all the time.
When you're sad or angry
or bored or anything else.

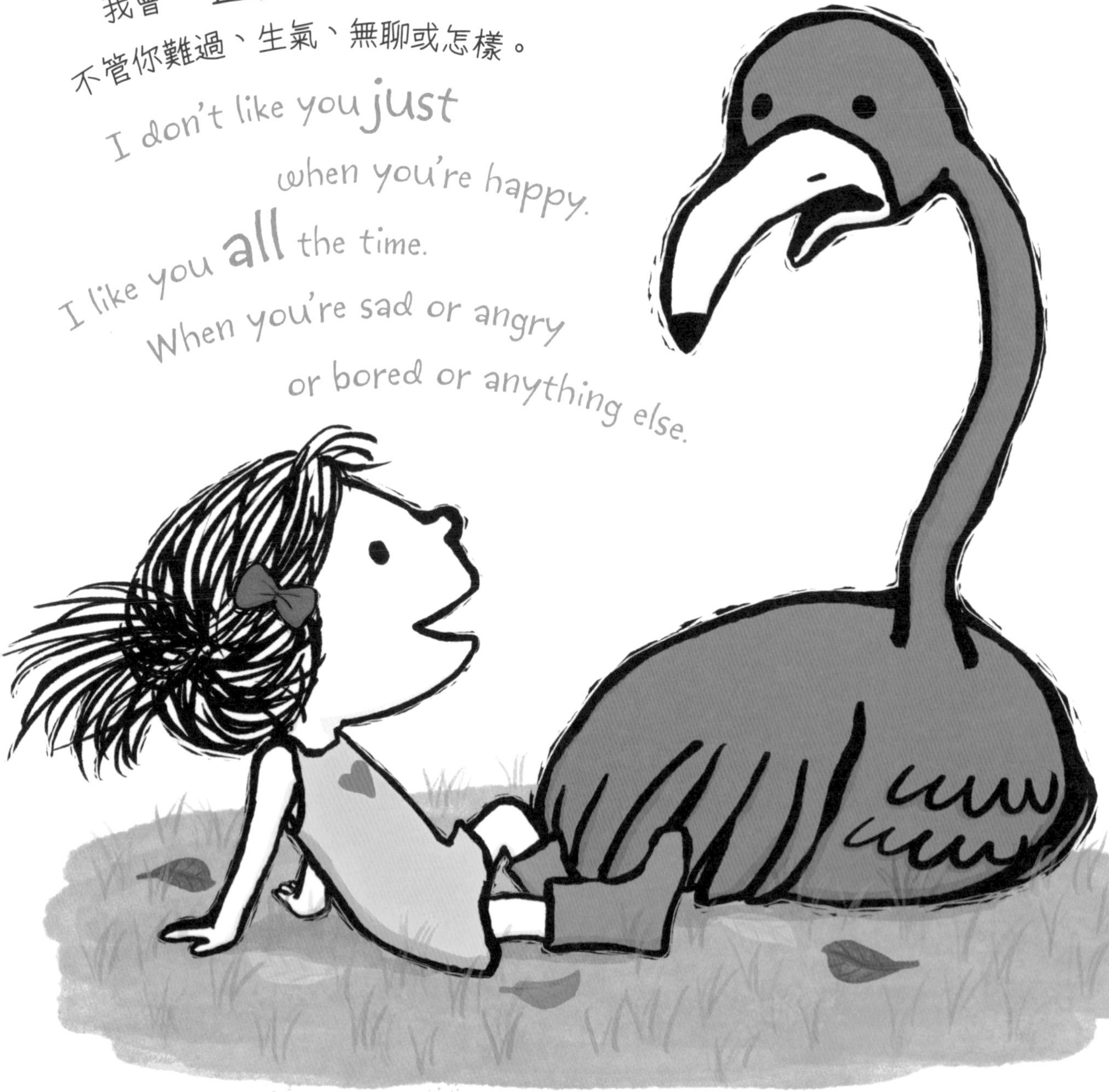

What about **you**, Potato?
Will **you** still like me if I'm
sad again tomorrow?

馬鈴薯，那你呢？如果我明天還是
很難過，你還會喜歡我嗎？

I don't even
like you **now**.

我現在就不喜歡你了。

哈哈！

hahaha ah!!
哈哈哈！
Ha ha haaa!!!
哈哈哈！

That was **really** funny.

真的好好笑。

你現在還會難過嗎？

Do you still feel sad?

我還是有點難過，
但是好一點點了。

I still feel a little bit sad,
but I also feel
a little bit better.

而且我覺得有點難過也沒關係。

And I think I'm okay with that.

SAD?